MW00943510

MOSCAS
EN TU
CASA

CHEO CANDELARIO

MOSCAS
EN TU
CASA

Bogotá - Colombia
ISBN: 978-1512290257

Director de edición
Fabián Díaz Atencio
Diseñó, diagramación y carátula:
Luis Felipe Díaz Atencio
Revisión gramatical, ortográfica y estilo:
Yesmina Morales

Impreso en Colombia

AGRADECIMIENTOS

Quiero agradecer primero que nadie a mi Señor y Salvador Jesús. Gracias mi Dios porque aunque he caminado en medio del fuego, nunca me has dejado y se ha cumplido *Isaías 43:2* en mi vida: *"Cuando pases por las aguas, yo estaré contigo, y si por los ríos, no te anegarán; cuando pases por el fuego, no te quemarás, ni la llama te abrasará".*

También quiero darle gracias a mi amada esposa *Santy*. Tu amor ha sido un regalo de Dios para mi vida, levantarme a tu lado y ver tu sonrisa cada día es más que suficiente para mí. Te amo.

A mis cuatro hijos: *Nathaniel,* el primogénito, el que más se parece a mí, tú me enseñaste a ser papá; verte crecer y ver tu pasión por Dios en tu vida me llena de mucho orgullo. *Andrew David*, "el cómico de la casa", gracias por siempre hacernos reír y gracias por preocuparte cuando me voy de viaje, tus oraciones me dan mucha paz. *Valerie,* la niña consentida de papi, gracias por tus besos y abrazos y gracias por cuidar a mami cuando no estoy en casa. *Marcos José,* el más pequeño de la casa el eslabón perdido. Tu llegada a nuestras vidas nos ha cambiado y nos ha unido en una sola familia. Quiero agradecer a mis padres *César* y *Silvia* por ser un gran ejemplo para mí. Mis hermanos *Junito*, *Papito* y *Haydee* les amo mucho.

También agradezco a la señora *Silvia Arrocha,* ¿Qué hubiera sido sin usted? Gracias por su ayuda e ideas que me impulsaron a materializar este sueño.

Mi hermano mayor *César* "Junito", gracias por llevarme a los pies de Jesús y por tus ideas en este proyecto. Gracias por creer en mí.

Al apóstol *Juan Carlos SanJuan* por la idea de la carátula, desde que la vimos nos impresionó, gracias mil por todo.

También le agradezco al editor y corrector del libro *Fabián de Jesús.* Tu ayuda incondicional y tus aportes han sido más que valiosos para que este libro tenga una gran presencia. Eres el mejor, gracias por todo y perdona mis molestias.

CONTENIDO

INTRODUCCIÓN

"Porque si no dejas ir a mi pueblo, he aquí yo enviaré sobre ti, sobre tus siervos, sobre tu pueblo y sobre tus casas toda clase de moscas; y las casas de los egipcios se llenarán de toda clase de moscas, y asimismo la tierra donde ellos estén".

Éxodo 8:21

No era el deseo de Dios que se llenara la casa de Egipto de moscas, pero la rebeldía del rey lo causó. Eso es lo mismo que está sucediendo todos los días en nuestros hogares, por causa de la rebeldía, la casa se está llenando de moscas, está sucediendo todos los días en nuestras iglesias. Estamos permitiendo que las pequeñeces de la vida dañen el propósito de Dios. Creemos que los pecados grandes son los causantes, pero son las cosas pequeñas las que están dañando el corazón de nuestros hijos y nuestras esposas. Son aquellas cosas que usted no se da cuenta, las que hacen herir el corazón de su gente. Las pequeñeces, el simple hecho de levantarse en la mañana y no decirle a sus hijos lo importante que son, o decirle a su esposa lo hermosa que es, está dañando el aceite del perfumador.

"Moscas en tu casa", trata de esas cosas que debe sacar de su vida. El pueblo de Egipto tenía una opción y era dejar libre el pueblo de Dios o entrarían las moscas. De esa misma manera, nosotros tenemos la misma opción en nuestras vidas, de dejar ir las cosas pequeñas que nos hacen daño o si no, las moscas entrarán en su vida, en su familia, en su vida personal, en su trabajo y dañarán todo lo que ha luchado en tanto tiempo. Entrarán las moscas espirituales y dañarán todo lo que usted ha hecho. Muchas veces escondemos estas moscas en nuestras vidas a través de la espiritualidad, nos escondemos a través de nuestros trabajos o nuestras ocupaciones y nos olvidamos lo importante que es para Dios, que su casa esté en orden y en paz. No solamente caminar en paz con los negocios o con el pastor de la iglesia, sino que nuestros hijos estén diciendo lo grande que es nuestro papá y nuestra mamá.

En el mundo físico las moscas son pequeños animalitos que van a comer y se pasean por la materia fecal y en aéreas de descomposición, se alimentan de todo eso y luego entran a su casa, se postran en su comida y sin darse cuenta usted se está comiendo esa comida deliciosa con microbios que fueron traídos por esas moscas tan insignifcantes y que ni vio. Ahora esos microbios entran a tu sistema digestivo y algunas de las veces logran dañar su estomago a través de bacterias que causan enfermedad en nuestro cuerpo. De la misma manera, en el mundo espiritual estas moscas entran sin darse cuenta y van a las materias descompuestas de este mundo, las entran en su hogar, entonces sus hijos y su cónyuge injieren esta comida que al pasar del tiempo va a dañar el núcleo familiar, daña su ministerio y su vida personal. Este libro es para que entienda que hay una mejor manera de vivir, hay una mejor manera de actuar y poder alcanzar el propósito de Dios. No podemos alcanzar ese plan de Dios siendo hipócritas espirituales, tenemos que ser un libro abierto, que nuestra familia vea y el mundo vea lo que en realidad somos. Las moscas entran cuando hay calor, es decir cuando hay problemas es cuando más ven las moscas, cuando están pasando por una situación financiera o cuando algo anda mal, las moscan tienen esa habilidad de entrar y hacer su trabajo. Por eso es importante aprender a manejar nuestro carácter, aprender a manejar problemas y aprender que Dios está en control de nuestras vidas, aunque nosotros no podamos ver la luz al final del tunel.

"Amados, no os sorprendáis del fuego de prueba que os ha sobrevenido, como si alguna cosa extraña os aconteciese, sino gozaos".

PRÓLOGO

Es un honor para mí, tener el privilegio de escribir sobre el autor y su libro. Mi querido amigo y compañero en el Reino de Dios Cheo Candelario.

Su sensibilidad al Espíritu y un profundo amor por la gente, de lo cual creo firmemente que usted encontrará como esencia en cada capítulo y cada página de esta obra, AMOR RESTAURACIÓN Y LIBERTAD.

El siguiente escrito es una herramienta de refexión respecto a aquellos malos hábitos y conductas con los que las personas se acostumbran a vivir diariamente como algo natural.

De manera simple y práctica nuestro querido hermano Cheo, aborda algunos temas con respeto, altura y practicidad que le ayudarán a vivir libre de estas moscas que arruinan el perfume del perfumista.

Le animo junto al autor a vivir una vida libre de moscas, limpiemos nuestras vidas y nuestras casas de todo lo que daña el precioso perfume de la Santidad y la Gloria del Señor, de tal manera, que manifestemos el olor fragante que es el carácter de Cristo en nosotros. Estoy seguro que el Señor usará cada palabra, hablará a su vida y provocará cambios necesarios para disfrutar un futuro lleno de armonía y gracia.

Apóstol Gustavo Lara

Capítulo 1

MOSCAS MUERTAS

MOSCAS MUERTAS

Las moscas muertas hacen heder y dar mal olor al perfume del perfumista

Todos los cristianos debemos entender que hay una influencia en nuestra vida que afectará positiva o negativamente a los miembros de nuestra casa y a las personas que nos rodean. Esta influencia la ejercemos a través de nuestro testimonio, forma de expresarnos y de conducirnos en la vida. Por eso, es importante que nos demos cuenta que esas palabras o ese comportamiento que tenemos en nuestro diario vivir, son los que nos dan la oportunidad de ser los héroes o los verdugos en la vida de nuestras familias y amistades.

En la Biblia encontramos al apóstol Pablo en la carta a los Corintios decirles.

"Mas a Dios gracias, el cual nos lleva siempre en triunfo en Cristo Jesús, y por medio de nosotros manifesta en todo lugar el olor de su conocimiento". 2 Corintios 2:14

En otras palabras, el apóstol Pablo comparaba al cristiano con un frasco de perfume que se manifesta donde quiera que esa persona va, pues lleva el olor de Dios. La Biblia nos enseña que fuimos creados a Imagen y Semejanza de Dios; por lo tanto, donde nosotros vamos, debemos parecernos a Dios en conducta, amor y en detalles.

Debemos entender que Dios es detallista y creo que en esa palabra está la raíz de muchos problemas que el ser humano ha tenido. Si vemos al perfumista, en Eclesiastés, su trabajo era permanente, él no podía descansar, pues debía estar pendiente a cada detalle. Después de terminar el aceite, debía cuidarlo de que ninguna mosca muerta entrara a su perfume, ya que esta podría causar que todo su trabajo se echara a perder.

Aunque usted lo quiera o no, el olor (la infuencia, testimonio, forma de expresarnos y actuar) en nuestras vidas, siempre está dando una fragancia. Quizá usted le promete a sus hijos una cosa en la casa o le exige algo su pareja, pero cuando sale del hogar, hace y dice cosas diferentes y ese olor o mal olor, tarde que temprano saldrá y afectará a sus seres queridos. Los detalles de nuestro diario vivir, sus obras o sus actitudes, su orgullo o su humildad, su sinceridad o su hipocresía, son los ingredientes para el olor que sale de nosotros. Si esos ingredientes son de buen olor, todos a su alrededor querrán estar a su lado y admirarán lo que hace, pero si el olor que emanamos o sale de nosotros es apestoso, espantará a nuestras familias y amigos de nuestro lado y atraerá moscas que dañarán su perfume.

Se ha puesto a pensar: ¿las medidas de una mosca? ¿Cuál es el precio de una mosca muerta? La realidad es que es muy pequeña y no tiene valor alguno, además de insignifcantes; sin embargo, estas pequeñeces que no tienen valor, tienen el poder de dañar su perfume, su testimonio y acabar con el plan de Dios para usted y su familia.

"Las moscas muertas hacen heder y dar mal olor al perfume del perfumista; así una pequeña locura al que es estimado como sabio y honorable" (Eclesiastés 10:1).

Entendamos que estas moscas muertas dan mal olor y hace que apestemos. Las moscas son pequeñinas, pero qué poderosas son si no las sacamos de nuestras vidas. Quizás toda una vida de buen testimonio, o un padre ejemplar, quizás el mejor esposo, pero alguna de estas moscas que hemos hablado, entró a su vida y todo lo que trabajó, todo lo que invirtió quedó en las ruinas por una pequeña mosca que no ha tenido el valor de sacar de su vida.

Estas moscas le llevará a no sentirse recompensado, se sentirá humillado, se sentirá mal, podrá hasta perder lo que más quiere. Entonces la pregunta es: ¿por qué no sacar de nuestras vidas estas moscas? Quizás me pregunta, pero y ¿cómo? Lo *primero* que debemos hacer, es evitar que estas moscas muertas entren a nuestras vidas, *segundo* es darnos cuenta cuáles moscas ya entraron y sacarlas del frasco lo antes posible, antes de que todo se eche a perder.

Solo póngase a meditar y piense ¿qué olor está saliendo de su vida? Esta siendo grato o apesta por causa de estas moscas muertas. Quizás su frasco está sellado y usted cree que no se siente la peste. Está disimulando muy bien y delante de la gente está pretendiendo que todo está bien, pero sabe que esas moscas están en su vida y sólo usted puede tomar la iniciativa de sacarlas de su vida. Su verdad está oculta en la obra de teatro que está haciendo, pero al fin de cuenta, es una obra y no la realidad.

¿Podrá vivir esa obra teatral toda la vida?

"No hay nada oculto que no haya de ser manifestado; ni escondido, que no haya de salir a luz" (Marcos. 4:22).

En algún momento de la vida, la verdad saldrá a la luz y el mal olor se manifestará. El sello será quitado y mientras más tiempo estuvo concentrado el mal olor, entonces mayor será la peste y más lejos llegará.

Mi consejo querido lector, que antes que su hipocresía o antes que su mal testimonio salga a la luz, es mejor que nosotros mismos saquemos estas moscas que llevamos ocultas de una vez y para siempre, renunciando a ellas y pidiéndole a Dios que nos dirija y de esa manera podremos dar el olor fragante en nuestro hogar y en todo lugar al que vamos.

"Antes bien, renunciamos a lo oculto y vergonzoso, no andando con astucia, ni adulterando la Palabra de Dios, sino por la manifestación de la verdad, recomendándonos a toda conciencia humana delante de Dios" (2 Corintios. 4:2).

Capítulo 2

HONRA CONYUGAL

HONRA CONYUGAL

Uno de los problemas más grandes que he encontrado en mi vida ministerial, ha sido que el esposo o la esposa no le dan el lugar o el respeto que esa persona merece. Cada vez es más grande el problema y creo está en ambas partes, una, por no dar el lugar que debe dar y la otra, por crear una competencia entre ellos y los demás.

José y María

La última pareja que fue a nuestras oficinas con estos problemas la llamaremos hoy: José y María. Ambos creían tener la razón y se culpaban porque: uno no estaba dando el lugar al otro.

Cuando le pregunté a María el porqué de sus problemas, ella expresó que José sólo tenía tiempo para escuchar a sus hijos (de un matrimonio anterior) pero, que cuando ella le hablaba, él estaba siempre ocupado o enojado con los problemas de sus hijos. En este caso podíamos notar como María seguía diciendo que José sólo escuchaba los consejos de su mamá y de sus hermanos, pero no tenía tiempo para escuchar los consejos que ella le estaba dando. Por un momento José interrumpió la conversación y dijo que sus hijos iban a su casa sólo una o dos veces al año, pero que la familia de María vivía en la casa y que algunos miembros de la familia extendida, venían muy a menudo a su casa y él los trataba bien. En fin, pudimos ver a una pareja que estaba en busca de que el otro le diera el lugar que ambos necesitaban. Nuestro consejo fue, que se amaran y buscaran la forma de no permitir que otras personas tomaran el lugar de su esposo(a).

Nos encontramos con una joven que me dijo "yo fuera feliz si fuera importante para mi esposo" No entendí este comentario, pues su esposo era un hombre fiel, buen padre, proveedor y siempre estaba diciéndole cosas bonitas a esta joven. Le pregunté con voz de incredulidad, pero ¿dudas que tu esposo te ama? O ¿está pasando algo que nosotros como pastores no sabemos? Esta joven nos dijo con tristeza en su corazon: "yo sé que el me ama, pero parece que su profesión, amigos y los deportes son más importantes para él que yo. Nos decía que se sentía como si fuera la última en la lista de prioridades de su esposo, aunque ella no dudaba que él la amaba.

Amado lector, muchas veces damos por sentado el mero hecho de que le decimos a nuestras parejas o a nuestros hijos que le amamos, no es sufciente decir algo, sino poner a esas personas que verdaderamente ama, en primer lugar en su lista de prioridades. Muchas veces creemos que nuestro matrimonio o nuestros hijos son como prender la radio y escuchamos la música y se nos olvida y la dejamos encendida y asumimos que seguirá escuchando esa música hasta que usted quiera y la realidad del caso es que en algún momento se apagará ese radio y la música del amor en el hogar se extinguirá.

Si usted quiere un matrimonio feliz donde su pareja o sus hijos se sientan felices debe hacer de su matrimonio su prioridad, no sólo con palabras, sino con acciones. Su matrimonio debe ser lo primero en su lista y esos que ama deben verlo todos los días. Debemos entender que esto es un principio o una ley de la vida, que si esas personas que ama no se sienten que son especiales para usted, tarde o temprano estarán tentados a buscar a alguien o algo que les haga llenar ese vacío que estamos dejando en ellos.

Yo sé que no es fácil tener a su matrimonio como la prioridad, ya que tenemos hijos o responsabilidades laborales, o quizás otro tipo de actividades que nos llenan la agenda y nos hacen tener que ocupar nuestro tiempo en otras cosas. Aunque entiendo que es necesario que su agenda esté ocupada de esas cosas tan necesarias en la vida que deben también tener su lugar, es más importante para la salud emocional de sus hijos o de esa persona que está a su lado y tanto ama, que tenga a su matrimonio y hogar en primer lugar.

Un matrimonio saludable y feliz benefcia a todos los miembros, pues es el mejor regalo que le puede dar a su familia. Es importante que aprendamos a darle lugar a nuestras parejas ya que es el secreto para un hogar feliz.

Su pareja se lo agradecerá y verá los frutos de los mismos al ver a sus hijos felices en casa.

Como padres, muchas veces nos vemos tentados a darle ese lugar especial a nuestros hijos, pero tenemos que aprender a balancear esos sentimientos y recordar que nuestro trabajo con nuestros hijos no es para toda la vida, pero estar con nuestras parejas debe ser para toda la vida. Nuestros hijos harán sus vidas y se tendrán que ir de casa el día que se casen o vayan a la Universidad, pero su esposo(a) quedará en casa, por eso es importante hacer un equilibrio en cuanto al lugar que le damos a nuestros hijos, versus el lugar que le damos a nuestras parejas. No olvide que enfocarse sólo en sus hijos hace que su matrimonio pierda estabilidad y a la vez que sus hijos sufran. Nuestros hijos lo que más quieren es que sus padres estén bien y en armonía compartiendo la paz en el hogar.

Dios en su naturaleza nos enseña a que amemos a nuestros hijos con todo nuestro corazón pero cuando ponemos a nuestros hijos por encima de nuestras parejas comienzan la animosidad y los conflictos en el hogar. La otra persona puede comenzar a sentirse celoso y tener sentimientos encontrados contra usted y con los hijos. Poner su matrimonio en pausa por 20 años o por uno, mientras cría a sus hijos, no sólo es un error para su matrimonio, sino devastador para sus hijos. Cuando ese equipo llamado matrimonio se debilita, los hijos son los más perdedores, ya que pierden el sentimiento de seguridad al pensar que su hogar se está acabando. No permita que esta mosca entre en su casa y déjele saber a su pareja que sus necesidades son primordiales aun antes que las de sus hijos.

Comience hoy a darle el lugar a su pareja y a su hogar que deben tener, y haga una lista de todas las cosas que puede hacer para que su pareja y su hogar se sientan una prioridad. Sea creativo, piense más allá de lo que siempre ha pensado, pues su pareja necesita ser la número uno en su vida. Una vez haga su lista, entonces comience a implementarlas en su matrimonio. Va a ver cómo su pareja comienza a sentirse y a reciprocar ese amor que le está dando y verá que será muy feliz y su hogar será lleno de paz y armonía. Dele a su matrimonio hoy una corriente de energía y jamás se arrepentirá.

Muchas veces como padres se nos olvida que no sólo somos padres de nuestros hijos, sino que tenemos una pareja a la cual amar. Si está quitándole a su pareja el tiempo de ella para pasar tiempo con los hijos u otras actividades, debe reconsiderar el mensaje que usted le está dando a sus hijos. No olvide que de la manera que trata a su pareja, será el modelo a seguir de sus hijos con sus futuras parejas. Así que hoy es el día de cambiar nuestras prioridades en el hogar.

Algunas de las cosas que usted puede hacer para que su pareja se sienta que es una prioridad en su vida son:

• **Sacar por lo menos 30 minutos al día, donde el foco de todo sea pareja, sin tener la distracción de nuestros hijos, deportes, trabajo o cualquier otra cosa.**

- Sea cariñoso con su pareja, en la mañana antes de irse al trabajo, repita lo mismo cuando vaya a la cama y si es posible, envíele mensajes bonitos durante el día.

- Dígale cuanto le ama y abrácele varias veces al día.

- Sea cordial con su pareja, súbale la autoestima.

- Sea generoso.

- No critique tanto y ame un poco más.

- Y por último pasen tiempo de diversión juntos.

Capítulo 3

INFIDELIDAD

INFIDELIDAD

La primera impresión cuando alguien ve la palabra *"infidelidad"*, es relacionarlo con un acto sexual, pero vamos a ver a través de la Biblia que cuando Dios hablaba de infidelidades, no sólo hablaba de ese acto tan horrendo que los humanos pueden cometer llamado "adulterio", sino que también hay infidelidades de padres a hijos e hijos a padres y esto ha causado mucha división y problemas familiares que duran toda una vida.

En este capítulo veremos las cosas que Dios ve como infidelidades y algunas de las cosas que causan esa infidelidad. El rey David decía en uno de los salmos: *"Líbrame de los pecados que me son ocultos"*, creo que él entendió que su corazón podía guardar algunos secretos que ni él mismo sabía que tenía y que quizás fueron esos mismos secretos en su corazón los que llevaron a este rey a cometer el acto de adulterio.

Hoy en día vemos cómo tantas parejas han experimentado esta mosca llamada infidelidad, aunque reconocemos que la más común de la infidelidad es la de origen sexual, debemos atacarla, pues está causando gran parte en la desintegración familiar y por esa causa, vemos generaciones que siguen el mismo patrón que nuestros padres cometieron dejando al paso heridas irreparables en cónyuges e hijos.

En el libro de Jeremías, Dios hace una comparación que me pareció muy interesante y creo que debemos compartir en este tema de la infidelidad. *Jeremías 3:20 "Pero como la esposa infiel abandona a su compañero, así prevaricasteis contra mí, oh casa de Israel, dice Jehová"*. Una cosa que puede hacerlo infiel, es el abandono de su hogar, no tener interés por las cosas de sus hijos o de su pareja, cambiándolas por otras actividades como el trabajo, jugar al futbol con los amigos, no cocinar y pasar la mayor parte del tiempo viendo la novela, hará que esas personas a su lado, sientan que su corazón no está con ellos, sino con las actividades que está usando de excusa para no pasar tiempo en casa. Aún vemos este problema en nuestras iglesias, cuando nuestra excusa es servir tanto a los demás, que se nos olvida servirle a los de nuestra casa.

Muchas veces utilizamos las cosas de Dios para abandonar nuestro hogar y Dios no se place en eso. No hay necesidad de estar en la iglesia los 7 días de la semana, cuando tenemos familia que requiere pasar un tiempo con nosotros y necesitan que le suplamos algunas necesidades emocionales y no las van a encontrar en medio de una reunión eclesiástica, sino que sólo la pueden encontrar en el núcleo del hogar, con papá y mamá. Es importante que le sirvamos a Dios con todo nuestro corazón, pero que nunca abandonemos ese primer llamado que Dios nos dio de servirle a los de nuestra casa.

Debemos entender que Dios nos confió a nosotros esa pareja y nos bendijo con nuestros hijos para que les disfrutáramos, pero cuando no cuidamos bien de ellos y no les atendemos como es digno, nos convertimos en infieles y mal agradecidos por esa linda bendición. Si ya Dios le confió una familia hermosa y usted cree que no está dando la talla en sus responsabilidades de padre o esposo, entonces hoy es un buen día para comenzar a arrepentirse por no haber sido lo suficientemente responsable como para hacer de su casa un hogar seguro y feliz.

Debe saber que ser un empresario exitoso, o ser un gran líder espiritual, no es suficiente para los de su casa. Vemos a Pablo hablarle a su hijo Timoteo, le dice: [4] *que gobierne bien su casa, que tenga a sus hijos en sujeción con toda honestidad* [5] *(pues el que no sabe gobernar su propia casa, ¿cómo cuidará de la iglesia de Dios?); 1 Timoteo 3.4-5*

Muchas veces queremos ser los mejores ministros y ser usados por Dios y vistos de buena manera delante de los ojos de los hombres, pero se nos olvida que hay un mandato para nosotros en la Biblia, que nos dice que todo aquél que desee ser un ministro aprobado, debe cuidar su casa primero. Muy a menudo nos encontramos con individuos que no quieren saber nada de Dios, mucho menos del establecimiento eclesiástico, ya que vieron a padres y madres ser los mejores diáconos de la iglesia, pero los peores padres, vieron sus padres servirles y dedicarle tiempo a los hermanos de la iglesia, pero cuando el hijo venía en busca de un consejo, papá o mamá estaban cansados y no tenían tiempo para ellos. En este versículo podemos aprender que aún para servirle a Dios en cualquier área, lo más importante es que su casa esté en orden.

Esto se aplica también a gente de negocios muy exitosa. Por eso vemos hoy en día como muchas de las familias de estos hombres y mujeres que han tenido un éxito tremendo, sufren las consecuencias del abandono emocional de sus líderes en el hogar. Estos son los hijos y esposos que más adelante en la vida no quieren saber de sus exitosos padres o cónyuges y terminan sus vidas "destacadas" sin ese calor humano que el éxito y el dinero son incapaces de comprar. Por lo tanto, es el balance recomendado por Dios a través de la Palabra el que hace que se gobierne adecuadamente nuestra casa y el trabajo.

Hay una cosa que la Biblia la llama "peor que ser infiel" y lo vemos *1 Timoteo 5:8 "porque si alguno no provee para los suyos, y mayormente para los de su casa, ha negado la fe, y es peor que un incrédulo"*. Este versículo es muchas veces mal interpretado por los humanos y creemos que si proveen ropa, comida, carro, casas, etc, es suficiente y con eso nos sentimos que nos hemos ganado el amor de nuestra familia. Debemos entender que el ser humano está compuesto por espíritu, alma y cuerpo. Por lo tanto, debemos suplir primero en las cosas espirituales y no solamente las cosas del cuerpo. Tampoco podemos sólo proveer para las cosas del cuerpo y no lo emocional, sino que hagamos un balance y seamos proveedores de todas las áreas que nuestra familia necesita. Debemos tener mucho cuidado de que no faltemos en ninguna área en nuestra casa y tratar de equilibrar y dar lo necesario aún en las cosas emocionales. Es decir, no podemos sólo dar dinero y no dar un abrazo a nuestros hijos o parejas, dar atención, comprensión y mucho cariño; pues esto sería el complemento de una vida balanceada y sin infidelidades. Si somos negligentes en alguna de estas áreas, nos convertimos en seres infieles.

Debemos entender que desde el huerto del Edén la infidelidad está dándole problemas a la humanidad y vimos como la serpiente engañó a Eva a serle infiel a el mandato de Dios. Desde ese momento en adelante, podemos notar cómo los seres humanos aprendimos el arte de la infidelidad. Pero debemos entender que no importa de dónde aprendió a ser infiel o en qué área está ejerciendo esta infidelidad, no se justifca bajo ninguna circunstancia esta mosca en nuestro corazón. Debemos pedirle al Espíritu Santo que escrudiñe nuestros corazones y nos revele ese lado oculto y nos manifeste si en nosotros existe este problema, para de una vez y por todas sacarlo de nuestras vidas, ya que esta mosca puede destruir nuestros hogares y puede causar heridas profundas en aquellas personas que amamos y que están con nosotros en nuestros hogares.

La infidelidad no comienza cuando una persona llega a consumar el acto sexual con otra. Comienza con una pequena mosca llamada "Mirada" y esa "Mirada" le da de comer a los deseos carnales y luego comienza el comentario bonito, una llamada, un piropo y cuando usted viene a ver, la mosca que era tan pequeña e insignificante, se convirtió en que esté pensando en dejar su familia para hacer su vida con otra persona. *"Cualquiera que mira a una mujer para codiciarla ya adulteró con ella en su corazón" (Mateo 5:28)*, creo que cuando Dios nos dio este versículo, entendía que una mirada podría ser la causante de grandes adulterios. Si permitimos que esta mirada pase a ser una mirada codiciosa, entonces estamos abriendo una puerta de adulterio en nuestro hogar. Hombre o mujer que lee este libro, esta mosca es la más dañina y la más dolorosa, ya que con el adulterio el corazón de su pareja será destruido y luego sus hijos y demás generaciones se verán afectada por esta pequeña mirada que se convirtió en un gigante monstruo llamado "adulterio".

La infidelidad es la mayor razón de rompimientos de relaciones en las parejas. Usualmente llamados "cuernos", destruyen no solamente la confianza, sino que destruyen el corazón de la persona afectada. Muchas veces las personas son infieles cuando sienten que la relación en la cual está, no llena las expectativas, entonces comienzan a buscar errores y defectos en la pareja para así aliviar su mente, llena de infidelidad, creyendo que la solución a su problema está en buscar otra persona para llenar un vacío, en vez de buscar el diálogo.

Debemos entender que ser infiel no es una conducta normal, sino un problema mayor de varios problemas acumulados con el tiempo. Pueden ser conductas aprendidas de nuestros padres, pero tambien pueden ser frustraciones y aberraciones que algunos humanos tienen.

Capítulo 4

IMPACIENCIA

LA IMPACIENCIA

13:7 Y algunos de los hebreos pasaron el Jordán a la tierra de Gad y de Galaad; pero Saúl permanecía aún en Gilgal, y todo el pueblo iba tras él temblando.
13:8 Y él esperó siete días, conforme al plazo que Samuel había dicho; pero Samuel no venía a Gilgal, y el pueblo desertaba.
13:9 Entonces dijo Saúl: Traedme holocausto y ofrendas de paz. Y ofreció el holocausto.

1 Samuel 13:7-14

Unos días después de que Saúl había sido el rey durante algún tiempo, el hijo de Saúl Jonathan atacó una guarnición filistea. Esto fue como darle un palo a un avispero porque inmediatamente los filisteos reunieron sus ejércitos y vinieron contra los israelitas a pelear. Un montón de moscas.

El ejército de Saúl tenía dos mil hombres. En estado de pánico, envió a través de la tierra a los trompetistas para volver a llamar al resto del ejército y todo aquel capaz de luchar. Entonces él y sus hombres esperaban. Esperaron a que más soldados vinieran. También esperaban a Samuel, el profeta y sacerdote, para que ofreciera sacrifcio y le pidiera la ayuda de Dios. Saúl sabía que sería inútil ir a la guerra sin eso.

Mientras tanto, todos los días el ejército filisteo se hacía más grande. Se agrandó a tres mil carros, seis mil carros de guerra y miles y miles de soldados. Los hombres en el ejército de Saúl vieron esto y se aterrorizaron. Pronto se perdió todo valor y comenzaron a huir y esconderse en cuevas, entre los árboles, detrás de las rocas y en cisternas.

Saúl también sintió miedo y desesperación. ¿Dónde estaba Samuel? Dijo que llegaría en una semana. La semana había terminado y todavía no había llegado. Si no llega pronto, su ejército será reducido a nada. A pesar de que él no era un sacerdote, Saúl decidió hacer el mismo ofrecimiento.

Él estaba terminando cuando llegó Samuel.

13:10 Y cuando él acababa de ofrecer el holocausto, he aquí Samuel que venía; y Saúl salió a recibirle, para saludarle.
13:11 Entonces Samuel dijo: ¿Qué has hecho? Y Saúl respondió: Porque vi que el pueblo desertaba, y que tú no venías dentro del plazo señalado, y que los flisteos estaban reunidos en Micmas,

13:12 me dije: Ahora descenderán los filisteos contra mí a Gilgal, y yo no he implorado el favor de Jehová. Me esforcé, pues, y ofrecí holocausto.

13:13 Entonces Samuel dijo a Saúl: Locamente has hecho; no guardaste el mandamiento de Jehová tu Dios que él te había ordenado; pues ahora Jehová hubiera confirmado tu reino sobre Israel para siempre.

13:14 Mas ahora tu reino no será duradero. Jehová se ha buscado un varón conforme a su corazón, al cual Jehová ha designado para que sea príncipe sobre su pueblo, por cuanto tú no has guardado lo que Jehová te mandó.

El precio de la impaciencia

La impaciencia es una respuesta al miedo. Es el temor de que nunca se logrará lo que nos hemos propuesto o el miedo de perdernos algo. Es el temor de que no conseguiremos algo que creemos que necesitamos y no tenemos en la actualidad. Esta respuesta de miedo conduce a un deseo de controlar no sólo el resultado, sino cómo ese resultado se logrará.

Lo invito a que haga una oración parecida a esta: **"Amado Dios, por favor, guárdame de la impaciencia y de hacer las cosas a mi manera en lugar de la Tuya. Por tu Hijo Jesucristo te lo ruego, Amén"**.

¿Le gusta esperar? No, a mi tampoco. Pero he aprendido que cuando alcanzo las cosas que he pedido a Dios y espero pacientemente la victoria que se puede experimentar, es comparable a la que David sintió al vencer a Goliat.

¿Qué cosas le hacen impaciente?

Es fácil impacientarse con las cosas, la gente, incluso, con Dios, especialmente cuando no parece escucharnos y "no responde" a nuestras oraciones.

Aquí le dejo un versículo que nos recuerda que Dios siempre está a tiempo. Es posible que desee aprenderlo de memoria.

Isaías 25:9 dice: *"Y se dirá en aquel día: He aquí, éste es nuestro Dios, le hemos esperado, y nos salvará; éste es Jehová a quien hemos esperado, nos gozaremos y nos alegraremos en su salvación".*

La próxima vez que sienta la tentación de hacer las cosas con impaciencia, a su manera, en lugar de esperar la ayuda de Dios en su tiempo, recuerde la historia de Saúl impaciente y estos versículos. Y espere el tiempo de Dios.

Me encantaría darle un ejemplo de situaciones de impaciencia en su familia, pero solamente usted sabe cuándo es impaciente. Pero sí les puedo hablar de algunas muy comunes que podemos observar a diario. A lo mejor cuando la luz roja en el semáforo de una de las avenidas de su ciudad es demasiado larga, usted se impacienta, se enoja y quisiera arrancar antes del tiempo indicado, o a lo mejor en el mercado a la hora de pagar sus comestibles la persona de en frente ha tenido alguna complicación en la caja registradora y no soporta la idea de que tendrá que esperar un poco más y sin entender la situación piensa erróneamente sobre esa o esas personas. Que tal esta... piensa que está perdidamente enamorado(a) de esta persona a la que lleva conociendo sólo hace un par de meses y decide contraer nupcias sin antes conocer bien a esa persona. Una decisión que se tomó sin ponerla antes delante del Señor, presentándole sus emociones, pidiendo dirección, sabiduría, dándose el tiempo necesario. Como usted habrá visto, algunos (muy pocos) tienen la bendición de que ciertamente ese era el amor de su vida. Pero la probabilidad de un desastre en el amor y un enjambre de moscas alrededor, es mucho mayor.

Como verá, la mosca de la impaciencia le puede costar no sólo frustraciones, sino una vida de inconformismo, derrota e infelicidad. A muchos desafortunadamente les cuesta la vida.

Entonces, ¿cómo fomentar una vida paciente? Buena pregunta!

En la Segunda Epístola de Pedro en el capítulo primero del versículo 3 al 8, podemos encontrar cómo a Dios le place revelarnos como Él quiere que seamos partícipes de su naturaleza Divina:

1:3 Como todas las cosas que pertenecen a la vida y a la piedad nos han sido dadas por su divino poder, mediante el conocimiento de aquel que nos llamó por su gloria y excelencia,

1:4 por medio de las cuales nos ha dado preciosas y grandísimas promesas, para que por ellas llegaseis a ser participantes de la naturaleza divina, habiendo huido de la corrupción que hay en el mundo a causa de la concupiscencia;
1:5 vosotros también, poniendo toda diligencia por esto mismo, añadid a vuestra fe virtud; a la virtud, conocimiento;
1:6 al conocimiento, dominio propio; al dominio propio, paciencia; a la paciencia, piedad;
1:7 a la piedad, afecto fraternal; y al afecto fraternal, amor.
1:8 Porque si estas cosas están en vosotros, y abundan, no os dejarán estar ociosos ni sin fruto en cuanto al conocimiento de nuestro Señor Jesucristo.

Si usted realmente quiere fomentar una vida familiar saludable, para matar la mosca de la impaciencia, primero debe comenzar a practicar dominio propio. El dominio propio es un requisito imprescindible del progreso. Quien no se ejercite en esta virtud jamás podrá alcanzar aquellos logros con los que vanamente sueña. El dominio propio es un potencial particularmente humano. El perrito, la mascota de la casa, no puede decidir si ladra o no. Actúa por instinto, aprende a base de algunas condiciones que usted le enseña. El ser humano, usted y yo, por el contrario, fuimos creados por Dios con la facultad de controlar nuestros instintos, nuestras emociones y reacciones.

Un niño puede aprender a pedir un dulce, pero a la vez decir "tengo muchos deseos de comer un dulce, pero me puedo esperar" o "mi hermana me ha ofendido, pero puedo permanecer calmado". Estas simples decisiones implican una enorme fuerza de voluntad de la cual solamente somos capaces los seres humanos. Pero la fuerza de voluntad, el dominio propio, no crece de manera silvestre en el campo. Hay que desarrollarlo.

Tristemente vivimos en un tiempo de indulgencia en donde la norma es "puedes tener todo lo que quieras y puedes tenerlo ahora".

El primer paso es reconocer nuestra impaciencia. Alguna vez le ha volado una mosca muy cerca de su oído. ¿Verdad que le molesta?, ¿verdad que le hace sacudir su cabeza de repente?; pues ese molestoso e imprevisto sonido no es algo muy fácil de tolerar. Así debe ser cuando usted identifque que está siendo impaciente. Primeramente debe acercarse a Dios y presentarle su situación e inmediatamente comenzar a practicar decirle "NO", sacudirse la tentación de la satisfacción inmediata. Debe recordar que el placer nunca ha producido hombres o mujeres de valor.

No nos podemos engañar creyendo que el auténtico éxito es sin esfuerzo, sin disciplina, sin sacrifcio. No hay crecimiento verdadero sin ejercitar arduamente la fuerza de voluntad, sin ejercitar dominio propio.

A los niños se les debe enseñar desde temprano, al igual que dominar sus cuerpos, a dominar sus impulsos, sus pensamientos y sus sentimientos. Es necesario que aprendan que no todos los caprichos se satisfacen y de esa forma estarán aprendiendo a fortalecer su voluntad propia.

Reúnase constantemente para estudiar la Biblia y para tener devocionales, son una oportunidad fantástica para ejercitar el dominio propio. El silencio, la atención, la disciplina y la oración son prácticas para la formación de una voluntad fuerte.

Ciertamente en *2 Pedro 1: 5-9* como usted pudo considerar hace un minuto, Jehová Dios nos provee una de las fórmulas más poderosas para alcanzar victorias mientras caminemos por este mundo de pruebas, de tormentas, de valles de sombra de muerte. Pero son muchas las instancias en las que ÉL nos recuerda su Voluntad...

* *Lucas 21:19 – "Con vuestra perseverancia [paciencia] ganaréis vuestras almas".*
* *Romanos 2:7 – "a los que por la perseverancia en hacer el bien buscan gloria, honor e inmortalidad: Dios dará vida eterna."*
* *Hebreos 6:12 – "Que no seáis indolentes, sino imitadores de los que mediante la fe y la paciencia heredan las promesas."*

Salomón, considerado como uno de los hombres con más sabiduría en toda la tierra, según las Escrituras, escribió en el libro de *Proverbios*, capítulo 16 versículo 32 dice:: *"Más vale ser paciente que valiente, más vale dominarse a sí mismo que conquistar ciudades"*

Capítulo 5

MALOS
HABITOS

MALOS HÁBITOS

"*En el primer año de su reinado, en el mes primero, abrió las puertas de la casa de Jehová, y las reparó. 4 E hizo venir a los sacerdotes y levitas, y los reunió en la plaza oriental. 5 Y les dijo: !!Oídme, levitas! Santificaos ahora, y santificad la casa de Jehová el Dios de vuestros padres, y sacad del santuario la inmundicia*".

2 Crónicas 29. 3-5

En este versículo podemos ver cómo un rey se dio cuenta que las puertas de la casa de Dios estaban dañadas, entonces reunió a su pueblo y le dijo: "tenemos que hacer algo, pues las cosas no están bien en nuestro reinado". Habían pasado 16 años de malos hábitos en este reinado y las consecuencias con el pueblo habían sido desastrosas, pero llegó éste rey a cambiar todo. Creo que podemos aprender algo de él. Yo creo que como padres, madres, esposo, o hijo, debemos darnos cuenta que hay algunas áreas en nuestra familia que están dañadas y tenemos que tener la valentía para poder decir: "lo que hemos hecho no funciona, y hay que cambiar". Ese cambio comienza con usted primero, y luego con los demas. No esperemos mucho tiempo para repararlas.

"Un mal hábito es muy fácil de adquirir, pero muchas veces muy difícil de tratar y de dejar".

Debemos entender que un mal hábito debemos atenderlo a tiempo y ese momento es "AHORA". El retrasar atender este mal hábito, sólo lo agrandará y por lo tanto, lo hará mucho más profundo en nuestras vidas.

Veamos lo que este rey hizo y aprendamos algo de él. Dice que:

a) **Abrió las puertas**, es decir, permitió ver cuál era su problema (auto exámen). Dejó el orgullo a un lado. Uno de los problemas más grandes que puede tener el ser humano es ser orgulloso y no auto examinarse. Muchas veces pensamos que todos están mal, pero en realidad la mayoría de las veces somos nosotros mismos los que estamos actuando de una manera inadecuada.

b) **Reparó**. Se dio cuenta de su problema y no esperó para poder resolverlo. Muchas veces nosotros creemos que el tiempo sanará toda herida y dejamos de hacer nuestro labor como padres o esposos. Todo lo que nosotros como autoridad no reparemos, será reparado por otros; pero no será de la mejor manera. Si usted no está siendo buen esposo(a), vendrá alguién y le endulzará el oído a su pareja. Si no está siendo buen padre y no repara su relación con sus hijos, vendrá alguien y lo hará por usted. Ya sea un policía o alguién que reparará ese problema.

c) **Reunió a los levitas y sacerdotes**: Este rey reunió a la gente que había sido afectada y los que tenían el problema del mal hábito.

d) **Luego les habló y les dijo que debían sacar toda Inmundicia de sus vidas**

En estos cuatro pasos, vemos que Ezequías entendió el problema que estaban teniendo en su reinado y tomó acción. Creo que usted, amado lector, también puede entender cuál es su problema y de la misma manera tomar acción y remover toda inmundicia en su vida. La palabra "*inmundicia*" en el hebreo es "*niddah*" y habla de las impurezas, algo repugnante y desagradable. Eso son los malos hábitos en nuestras vidas. Quizás usted no se da cuenta, pero este mal hábito le repugna a alguien a su lado, por lo tanto debe buscar la manera de sacarlo.

Cuando me casé con mi esposa, yo traía algunos hábitos en mi vida que no me di cuenta que cargaba con ellos. Por ejemplo, yo tenía el hábito de llegar del trabajo y como estaba solo en la casa, me quitaba los zapatos en la sala y allí se podían quedar hasta el próximo día. Para mi eso era normal y no veía que le molestara eso a nadie, ya que allí podían estar y como en ese mismo lugar, me era muy cómodo sentarme en las mañanas para ponérmelos devuelta para irme al trabajo, pensé que estaba ahorrando energías evitando guardarlos en el closet, ya que los usaría al otro día. Bueno, resulta que ese hábito lo llevé a mi matrimonio y mi hermosa y amada esposa los sacaba de ese lugar y los llevaba al closet (donde debían estar). Un día le pregunté por qué se llevaba mis zapatos de donde yo los dejaba. Ella con mucha sabiduría me hizo entender que yo tenía un problema y que a ella no le gustaba ver mis zapatos en aquel lugar. Ese día entendí que no vivía solo y que le estaba causando un malestar a la mujer que amo, entonces fue cuando decidí colocar los zapatos en su lugar y desde ese día, mi esposa le dice a todo el mundo que yo soy el hombre más organizado de esta tierra (eso no es verdad, pero ella lo dice y yo le creo).

Ezequías volvió al lugar de David y dice la Biblia que David era un hombre de acuerdo al corazón de Dios y que deseaba las cosas del Señor. Creo que debemos volver al lugar de paz en nuestros hogares, sacando todo tipo de inmundicia y todo mal hábito que esta atrasando el plan de Dios en nuestros hogares y en nuestras vidas.

Capítulo 6

MANEJANDO CONFLICTOS Y MALAS ACTITUDES

MANEJANDO CONFLICTOS Y MALAS ACTITUDES

Manejandoconfictos

Los confictos son parte de nuestro diario vivir y prácticamente son inevitables, lo importante es cómo los manejamos cuando las cosas se nos salen de las manos o cuando una palabra que parecía insignificante, fue llevada a otro nivel, de tal manera que las cosas se ponen color de hormiga, o cuando los temperamentos hacen subir la temperatura. Usted ¿Qué hace? Enciende el fuego o trata de apagarlo. Creo que algunas cosas que debemos hacer cuando vienen los confictos en nuestras vidas, es mantener la calma, permanecer amorosos y amigables con la persona que está alterada. Mantengamos nuestra serenidad delante del conficto, pues de esa menera nunca perdemos el control de nosotros mismos y el problema quedará bajo nuestra autoridad.

Una de las cosas más importantes cuando vamos a tratar conflictos, es mantener sus emociones en control. Esto puede ser algo muy dificultoso y más aún si usted cree tener la razón y mucho más difícil cuando la otra persona está siendo hostíl e insensata. Pero es de suma importancia mantenernos serenos y no unir el enojo de ellos con el nuestro; pues eso es una bomba de tiempo que en algún momento va a estallar. La Biblia nos enseña en *Efesios 4:26*: *"Airaos pero no pequéis"*. Este principio nos permite ser seres humanos que vamos a tener ira en algun momento, pero no debemos permitir que esa ira nos haga pecar, diciendo o haciendo cosas de las que posteriormente nos vamos a arrepentir.

Algunos pasos que los psicólogos aconsejan hacer son los siguientes:

-*Respire profundo*. Esto le ayudará a liberar el stress que usted está experimentando.

-*De una caminada*. Tome un tiempo para dar una caminada y use el tiempo para pensar las cosas mejores y retomar el control de sus emociones.

-*Encuentra una solución*. Muchas veces estamos buscando más problemas. La mejor forma para manejar el conflicto, es encontrar soluciones y no problemas.

-*Pida perdón*. Si se da cuenta que estuvo en un error, lo mejor es pedir perdón y no poner excusas a su error.

Hay cosas que suceden y nosotros no tenemos control de que sucedan o no, pero sí podemos controlar cómo reaccionamos ante ellas.

Malas Actitudes

Se ha preguntado alguna vez, ¿por qué sus hijos o su pareja han cambiado su forma de ser y hasta su forma de pensar sobre usted? En este capítulo hablaremos de las malas actitudes, ya que estas son otra clase de mosca en la vida que hará que la gente de nuestro lado, no desee estar mucho tiempo con nosotros. Muchas veces estamos a la defensiva y lo primero que hacemos es culpar a los demás por sentirse así. Algunas veces queremos solucionar el problemas haciéndoles ver todo lo que hace por esa persona, y nos preguntamos: ¿acaso ellos no pueden ver lo mucho que trabajo o las cosas materiales que les doy?, también alguna pregunta que nos hacemos es: ¿será que alguién les está dañando la mente y haciéndole cambiar de actitud? Querido lector, tengo algo que decirle, algunas veces tendrá razón, pero la mayor parte del tiempo, esos problemas son ocasionados usualmente por una mala actitud nuestra, que para nosotros es una simpleza o pequeñéz, pero con el paso de los años, su familia o sus amigos ya no soportarán. Usted se tiene que dar cuenta que está haciendo daño y que está endureciendo el corazón de aquellos que tanto ama.

El caso de una pareja

No olvido una historia de una pareja de Chicago que un día me pidió consejería y me dijo que:

Había estado casada por 5 años y su esposo decidió dejarla y decidió que lo mejor para ellos era que cada cuál fuera por su lado y separarse, ya que él no sabía si tenía algún sentimiento hacia su esposa. Por razones de economía seguían compartiendo el mismo techo, pero cada uno vivía en su propio espacio. Karen se sentía fracasada y no sabía qué hacer, pués vivía enamorada de su esposo y no quería perder su matrimonio. Karen muy abatida llegó a nuestras ofcinas y nos dio la triste noticia de lo que estaba viviendo y como ministro de Dios le pregunté: ¿cuál era la razón por la que ella creía que su esposo estaba tomando esa actitud? Karen muy confundida comenzó a echar toda la culpa a su esposo, más yo con amor y sabiduría le pregunté que si había algo por lo cual ella podía responsabilizarse o quizás algo de lo que ella era culpable. Después de unos minutos pensando me dijo que ella siempre lo celaba, que le gritaba mucho cuando ella no estaba de acuerdo con algo que él hacía o decía. Karen comenzó a abrir su corazón y comenzó a ver aquellas áreas y actitudes que nunca había visto. Cuando karen logró abrir su corazón, entonces pudimos darle una solución para que intentara conquistar el corazón de su esposo. Le dimos la tarea de que en las próximas 3 semanas comenzara a cambiar su actitud para con su esposo y observara cuál era la respuesta que recibía a cambio.

Karen comenzó por resolver su problema de celos y dejó de mirar el celular de Roberto. Cuando él llegaba tarde, Karen estaba perfumada, bien vestida y la comida servida. Ella también comenzó a controlar su enojo y dejó de gritarle a Roberto. Después de varios días él comenzó a notar a una mujer diferente, una mujer que no gritaba, que estaba llena de energía y amor, una mujer que no estaba esperando a su esposo para pelear, ni mirar su teléfono. Esto llamó tanto la atención de Roberto, que él decidió hablar con ella y preguntarle a ¿qué se debía el cambio que ella estaba teniendo? Ella como toda mujer que ama, le dijo a su esposo que se había dado cuenta de sus errores y su mala actitud y había decidido cambiar. Roberto con lágrimas en sus ojos, le dijo que la amaba pero que no amaba la Karen que gritaba y lo celaba. Desde ese día en adelante ella y su esposo reencontraron el amor y hoy viven una vida feliz. Esta pareja logró encontrar la mosca que estaba contagiando su matrimonio y que casi destruye su hogar, para poder tener un hogar feliz.

Amado lector, no esperemos a tener un caos para darnos cuenta que nuestra actitudes están dañando la vida emocional de nuestros seres queridos. No esperemos a recibir la mala noticia para cambiar, no espere que el corazón de los suyos se endurezca. En mi tierra decimos un viejo refran que dice *"nunca es tarde si la dicha es buena"*, o sea, no es tarde para corregir esas malas actitudes, nunca es tarde para enderezar sus caminos y sanar esos corazones que ha herido con las actitudes.

"El tiempo de actuar y buscar ayuda es hoy, porque mañana puede ser tarde y quizás usted no tenga la misma suerte que tuvieron karen y Roberto".

Capítulo 7

ENOJO
IRA
Y
RESENTIMIENTOS

ENOJOS E IRA

Enojos escalados

Una mosca en el aceite o en el hogar puede ser también los "enojos escalados". Cosas que pueden resolverse, pero al no hacerlo, llevamos el enojo a otro nivel donde ambas partes salen heridas y muchas veces con heridas que jamás sanarán. Por eso es muy importante resolver el problema lo antes posible.

Proverbios 15:1 "La blanda respuesta quita la ira; mas la palabra áspera hace subir el furor". En este versículo bíblico podemos ver ambas situaciones, primero, la persona que ha sido afectada por el problema y cómo esta persona reacciona ante el conflicto. Muchas veces nuestro orgullo nos hace pensar que tenemos que contestarle a la otra persona de la misma manera que ellos nos hablaron y lo que estamos haciendo con esto, es poniéndole gasolina al fuego y haciendo que el problema se agrande. Pero tambien podemos ver cómo una blanda respuesta o una palabra sin enojo, puede hacer quitar el mayor de los enojos.

Amado lector, cuando una persona está enojada, no trate de persuadirla de que las cosas no son como ellos piensan. Muchas veces es mejor ponerse de acuerdo en lo que pueda y cuando esa persona baje su enojo, entonces podrá exponer su punto y será ahí donde quizás pueda convencerla del error que estaba. Los humanos necesitan su espacio para lidiar con algunas cosas en la vida y si su esposo o hijos están en un momento de ira y enojo, dele su espacio para que puedan procesar esos pensamientos. Me atrevo a decir que todos necesitamos ese espacio y muchas veces es necesario que nos enojemos, ya que es parte de ser humano.

Un problema que he visto en el matrimonio y es algo que les digo a mis amigos hombres, es que debemos dejar que nuestras esposas tengan ese espacio para expresar sus sentimientos y emociones sin tener que nosotros ofrecerles una solucion. Muchas veces queremos ser los que solucionan todo y creo que es importante permitirle a nuestros conyuges e hijos que ellos mismos encuentren la solución a sus problemas.

Ira
Debemos entender que es de suma importancia aprender a manejar los enojos en nuestras vidas y en nuestras familias. Dice un consejero experimentado que el 50% de los individuos que acuden a consejerìas tiene o tuvo problemas con la manera de manejar sus enojos e iras. La ira destruye la comunicación, acaba las relaciones y elimina

el gozo y la salud emocional de muchos. A menudo, tenemos la tendencia a justifcar nuestros enojos en vez de tomar la responsabilidad y aceptar nuestras faltas y debilidades en ese momento. En la Biblia encontramos un tipo de ira santa, pero no la debemos confundir con la ira que nos consume y nos daña la vida.

Quiero establecer que la ira no siempre es pecado, como podemos ver, en algunos versìculos bìblicos. *Marcos 3:5:* " *Entonces, dirigiendo sobre ellos una mirada llena de indignación y apenado por la dureza de sus corazones, dijo al hombre: "Extiende tu mano". Él la extendió y su mano quedó curada".* Vemos a un Dios enojado con la religión y con la incredulidad de algunos. Ahora vamos a *Efesios 4:26* *"Airaos, pero no pequéis; no se ponga el sol sobre vuestro enojo"*, donde tambièn Dios hizo provisiòn para que nosotros los creyentes tuviéramos ira, pero que no lleváramos esa ira al pecado y que no permitiéramos que se acumule dìa tras dìa, sino que antes de que se ponga el sol sobre nuestra vida, haya canalizado ese sentimiento. La palabra "ira", viene del original griego: *orgízō* – que signifca: " *enojarse, expresar".* Esta puede ser *positiva* cuando es inspirada por Dios o cuando esta ira la canalizamos para convertirla en algo positivo, *dañina* cuando es inspirada por nuestra propia concupisencia o por nuestras emociones sin canalizar. Cuidado, padre o madre o cuidado esposo(a) en permitir que esta mosca entre en su casa, permitiendo que dañe ese perfume del amor en su hogar.

El diccionario de la Real Academia Española dice que el signifcado de "ira" es:

(Del lat. *ira*).
1. *Pasión del alma, que causa indignación y enojo.*
2. *Apetito o deseo de venganza.*
3. *Furia o violencia de los elementos.*
4. *Repetición de actos de saña, encono o venganza.*

Qué significado tan fuerte nos da la Real Academia Española. Cuando nos estudiamos a nosotros mismos, después de un enojo, nos damos cuenta de que es verdad este significado. Muchas veces sentimos este apetito de vengarnos aún con nuestras familias por cosas que en verdad son insignificantes y que podemos resolver con sòlo dialogar. Es importante que no permitamos que estas pasiones del alma que nos causan tanta indiganación o enojo, nos ciegue y nos lleve a cometer actos de violencia o decir palabras tan ofensivas que dejemos huellas profundas en nuestros hijos o esposas que jamás podamos reparar. Espero amado lector que vaya entendiendo por què es importante no permitir que la ira se apodere de nuestros corazones.

Cuando vemos el versìculo bíblico sólo, lo leémos quizás sin entender la profundidad de la sabidurìa que Dios nos está dando con este. No nos permitamos vivir un dìa màs con este sentimiento de ira, que poco a poco afectarà la relaciòn en su hogar o el futuro de sus hijos. También debemos entender que la ira puede ocasionarnos daños a nosotros mismos. La ira es un sentimiento dado por Dios para ayudarnos a resolver problemas, pero no para causar daños. En la Biblia encontramos hombres de Dios con este sentimiento de ira; màs aun, encontramos que Jesùs tambièn sintiò ira. Vemos en *Gálatas 2:11-14* a un Pablo confrontando a Pedro por no dar el mejor de los ejemplos, tambièn vemos a un David escuchando a Natan hablarles de injusticias cometidas por el mismo David, *2 samuel 12.*, También vemos a Jesùs expresar su ira al ver cómo algunos judios estaban corrompiendo el templo de Dios en Jerusalem.*Juan 2.15.* Veamos un momento el sentimiento expresado por cada unos de los personajes que les menciono, en ninguna parte dice que Pablo, David o Jesùs usaron la ira para auto defenderse, sino que fue un sentimiento usado por ellos para defender a otros de injusticias y para defender valores y principios.

La ira se convierte en pecado cuando es impulsada por nuestro egoísmo y no por Dios. *Santiago 1:20: "Porque la ira del hombre no obra la justicia de Dios"*. Al permitir que nuestra ira tome control, ya no permitimos que Dios obre, sino que la justicia la tomamos en nuestras manos y por ende, el pecado entrará en nuestras vidas.

Una ira desbordada

Conocì a un hombre que hablaba mucho de Dios, se conocìa todos los versìculos bìblicos, era un padre muy estricto, que pensaba que todo lo que hacìan sus hijos era pecado. Una de estas personas que pensaban ser màs espirituales que Dios, siempre criticaba a aquellos que no hacìan las cosas como èl pensaba que la Biblia enseñaba; sin embargo, un dìa le robaron su vehículo y se encendió en ira, en esos momentos este hombre parecía que se le había olvidado lo que la Biblia decía, y permitió que este acto de robo cometido por algùn personaje inescrupuloso inundara su corazón, de tal forma que comenzò a buscar quién le robò el vehìculo, hasta que lo encontró, fue entonces cuando su ira fue tanta, que comenzò a discutir y pelear con este hombre, hasta llegar el momento de sacar un arma de fuego, dispar y asesinar a aquél que le robò . ¿Será posible que una persona que decìa amar a Dios cometiera tan horrendo acto? Amado lector, esta historia no es inventada o de una novela, sino que es un caso real, destruyendo a una familia entera por el simple hecho de que un hombre no controlò su ira, de tal forma, que lo llevò a cometer actos sin medir las consecuencias que esta causarìa. Si este hombre hubiera usado la ira para confrontar el problema y no para atacar a la persona que lo causò, quizás habría sido màs provechoso. De la misma manera, muchos de nosotros aunque no llegamos a tan horrible acto, a veces asesinamos el amor de nuestra pareja o acabamos el futuro de nuestros hijos, al no poder canalizar este sentimiento llamado ira.

En *Efesios 4:15-16 " sino que siguiendo la verdad en amor, crezcamos en todo en aquel que es la cabeza, esto es, Cristo, 16 de quien todo el cuerpo, bien concertado y unido entre sí por todas las coyunturas que se ayudan mutuamente, según la actividad propia de cada miembro, recibe su crecimiento para ir edificándose en amor"*. Nos enseña a decir la verdad, pero con amor. Muchas veces creemos que tenemos que decir la verdad y la decimos con arrogancia y pensamos que porque es una verdad tiene que ser escuchada sin importar cómo la decimos.

Muchas veces usamos la expresión muy popular que dice: *"la verdad es hija de Dios"* o quizas decimos: *"yo no tengo pelos en la lengua"*, esas son cualidades muy buenas, siempre y cuando lo hagamos con amor; de lo contrario, si lo hacemos sin amor, podemos ser causantes de malestares y moscas en nuestras vidas y en la de los demàs. En estos versìculos bìblicos podrìamos aprender a còmo tratar al prójimo y màs aùn, a cómo tratar a nuestros amigos y familiares.

Aprenderìamos a decir la verdad en amor, y usarìamos nuestras palabras para ser de bendición y edificación a los demás. Si seguimos leyendo los versìculos, vamos a aprender a no permitir a nuestra lengua y boca, sacar palabras que corrompen y destruyen al que las oye. Si usted no ha podido controlar su manera de hablarle a los demàs y sigue diciendo las palabras con orgullo y arrogancia, dará a entender que su manera de vivir es el de una persona venenosa(o), por lo tanto, no es sinònimo de alguien que ha nacido de nuevo y que no se deja influenciar por las cosas terrenales sino por las espirituales.

"El necio da rienda suelta a toda su ira, mas el sabio al fin la sosiega".

Proverbios 29:11

La ira se convierte en pecado cuando permitimos que sea desenfrenada, de tal forma que logre herir a los demàs y cause una gran devastaciòn. Pensemos en un huracàn o un tornado que de repente, sin mucho anuncio, viene y devora todo lo que encuentra a su paso. Al igual que los huracanes o tornados, la mayor parte de las veces se le comunica a la gente del paso de ellos y algunos se preparan y buscan albergues para no ser atropellados con la fuerza del viento y la naturaleza, màs otros no hacen caso a los avisos del centro de meteorologìa y por no tomar las precauciones necesarias, son heridos y muchas veces hasta encuentran la muerte, ya sea por el viento o por consecuencias de lo que dejò el huracàn en su camino. De la misma manera puede ser con nuestra ira incontrolada, si usted observa y escucha las advertencias, podrà ser libre de ella; pero si hace caso omiso, entonces las consecuencias de la misma causarà daños irreparables en los corazones nuestros y en el de los demàs, hasta el punto que habrà heridas y muertes emocionales que muy bien pudieron ser evitadas de haberse tomado las debidas precauciones.

Otra manera en que la ira se convierte en pecado, se da cuando la persona que està airada no permite ser corregida o cuando guarda rencor en el corazòn y deja escondidas esa ira. Al guardar rencor en su corazón, le da lugar a la depressión en su vida, de tal forma que con mucha frecuencia se enojará por cosas que no tienen nada que ver con el problema original.

A través de la Biblia podemos encontrar maneras de tratar con la ira:

1) *"Si confesamos nuestros pecados, él es fiel y justo para perdonar nuestros pecados, y limpiarnos de toda maldad". 1 juan 1.9.*

Debemos confesar y reconocer que nuestra ira es egoísta y con ella estamos haciendo mucho daño a nuestro prójimo. Esta confesión debe ser hecha a Dios y a aquéllos que hemos herido con nuestras acciones. Muchas veces usamos la excusa de que fue una alteración momentánea y eso puede traer más enojos en aquellos que han sido heridos. Por tal razón no debe minimizar o culpar a los demás por el error suyo.

2) Gozarnos en nuestras pruebas

" Hermanos míos, tened por sumo gozo cuando os halléis en diversas pruebas, [3] *sabiendo que la prueba de vuestra fe produce paciencia.* [4] *Mas tenga la paciencia su obra completa, para que seáis perfectos y cabales, sin que os falte cosa alguna".*
                                    Santiago 1:2-4:

Es de suma importancia mantener el gozo en medio de nuestras pruebas, especialmente cuando alguien nos ha ofendido. La Biblia nos enseña que el gozo del Señor es nuestra fortaleza, por lo tanto, nos convertimos en débiles espirituales al perder este gozo que tanto nos ayuda a mantener la ecuanimidad y la calma en medio de la tempestad. Cuando el ser humano permite que su gozo le sea arrebatado, es cuando toma control la ira y esta termina convirtiéndose en veneno para el alma. Debemos saber que Dios es soberano y que todo el control está en las manos de ÉL y que esa persona que le está ofendiendo, es simplemente alguien que le ayudará a impulsarle camino hacia el éxito que el Señor le tiene destinado desde antes de la fundación del mundo. La Biblia nos enseña que todo en nuestras vidas nos ayuda a bien.

"Y sabemos que a los que aman a Dios, todas las cosas les ayudan a bien, esto es, a los que conforme a su propósito son llamados."

Romanos 8:28

3) No tomemos la justicia en nuestras manos

"No os venguéis vosotros mismos, amados míos, sino dejad lugar a la ira de Dios; porque escrito está: Mía es la venganza, yo pagaré, dice el Señor".

Romanos 12:19

Muchas veces cuando hemos sufrido alguna injusticia por alguien que no nos consideró o simplemente por gente perversa, y creemos ser inocentes de sus hechos, queremos tomar la justicia en nuestras manos y lo que estamos añadiendo es más problemas a nuestras vidas. Si cambiáramos la ley del ojo por ojo y diente por diente, a la ley de poner la otra mejilla, entonces podremos vivir una vida más tranquila y ver la justicia de Dios en acción.

Lamentablemente, vemos a diario familias destruidas, ya que alguno de los miembros ha tomado la justicia en sus propias manos y hacen o dicen cosas al ofensor que provocan más ira y peor aún, ocasionan más heridas en ambas partes. Lo mejor que podemos hacer es dejar que Dios sea nuestro juez y Él lo hará con justicia; así, nada de lo que a usted le ha pasado será impune ante los ojos de nuestro Señor.

4) *Comunicación*

"Por lo cual, desechando la mentira, hablad verdad cada uno con su prójimo; porque somos miembros los unos de los otros".

Efesios 4:25:

Debemos entender que la comunicacion -cuando estamos airados-, es la clave para poder resolver esa ira. Tenemos que ser honestos y hablar la verdad con amor, buscar el momento oportuno para compartir eso que nos está causando ira o enojo y no permitir que eso que nos molesta crezca tanto, de tal forma que perdamos el control. Otra cosa que podemos hacer es atacar lo que causó la ira, pero no a la persona que lo causó, actuar en vez de reaccionar y por último, debemos ver cuál es nuestra parte en este problema. De esta manera usted está sacando de su vida, de su hogar, una mosca bien grande llamada "IRA".

Quiero compartir algunos proverbios que cambiaron mi vida y me hicieron entender que es mejor mantener el gozo del Señor, que enojarse tan rápido por aquellas cosas que no le gustan.

"El que fácilmente se enoja hará locuras; y el hombre perverso será aborrecido."

Proverbios 14:17

"La cordura del hombre detiene su furor, y su honra es pasar por alto la ofensa".

Proverbios 19:11

71

"El que tarda en airarse es grande de entendimiento; mas el que es impaciente de espíritu enaltece la necedad".

Proverbios 14:29

Resentimientos

Efesios 4:30-32, nos dice: *"Y no contristéis al Espíritu Santo de Dios, con el cual fuisteis sellados para el día de la redención. Quítense de vosotros toda amargura, enojo, ira, gritería y maledicencia, y toda malicia. Antes sed benignos unos con otros, misericordiosos, perdonándoos unos a otros, como Dios también os perdonó a vosotros en Cristo."*

"Mirad bien, no sea que alguno deje de alcanzar la gracia de Dios; que brotando alguna raíz de amargura, os estorbe, y por ella muchos sean contaminados".

Hebreos 12:15

En estos versículos biblicos encontramos cuán gran problema puede ser el que nosotros tengamos resentimientos en nuestros corazones. No sólo lo dañan a usted, sino a todo los que están a su alrededor. También le trae un conflicto espiritual muy grande, ya que dice que dejaremos de alcanzar la gracia de Dios.

En la Biblia al resentimiento se le llama *"raíz de amargura"*, ya que como toda raíz, va creciendo y absorbiendo los nutrientes del cuerpo, hasta hacer que broten y contamine todo lo que nosotros hacemos.

El plan de Dios en nosotros se ve afectado al darle lugar en nuestras vidas a esa mosca llamada *"resentimiento"*. Quizá se pregunte ¿por qué le doy entrada a esta mosca en mi vida? Cuando estamos al aire libre no podemos evitar muchas veces que las moscas vengan a nosotros, pero la mosca del resentimiento es una mosca espiritual a la que nosotros mismos le damos permiso de entrar en nuestras vidas. La verdad es que la computadora de nuestra memoria no borra algunas cosas de nuestro pasado y no pretendo decirle que tiene que olvidar, pero sí que tenemos que perdonar. El consejo Bíblico que nos dejó Dios, fue que no debemos dar lugar al resentimiento, pues este vendrá acompañado de una plaga más grande de moscas en nuestras vidas que tambien afectará a todos los miembros de nuestro núcleo familiar o nuestro entorno de amistades.

El resentimiento es un tóxico que nos quitará la vida, tanto espiritual, como la vida física. De acuerdo a los estudios científfcos, al enojarnos movemos 72 músculos, mayormente los faciales. Todas esas emociones de dolor, el cuerpo las va absorbiendo y comienzan a causar muerte en las células, las cuales se transforman en enfermedades en los cuerpos. Está probado que la mayor parte de enfermedades por cáncer tienen su origen en los enojos, corajes y resentimientos acumulados.

El resentimiento divide familias y esto lo podemos ver en hermanos, primos, padres y familiares que tienen resentimientos, y que luego encontramos distanciados y enojados sin ninguna razón. En la Biblia encontramos una familia que fue dividida por resentimientos no perdonados. Podemos ver a un Esaú enojado con su hermano Jacob por haberle robado su primogenitura, esto causó que Esaú abandonara su casa y no quisiera saber de sus padres y de su pueblo. Vivió lejos de su familia por este resentimiento y por el dolor que sufrió. Se reveló tanto contra sus padres, que hasta se casó con una mujer con la que no debió casarse. Aquí vemos que los hijos de Esaú no conocían a sus primos, ni a su tio, ya que estaban separados de la descendencia de Esaú, mejor conocida por "Edom", esta fue enemiga de la de su hermano Jacob o mejor conocida como "Israel". Esta enemistad fue creciendo y creciendo tanto que despues de más de 4,000 años, todavía esa enemistad sigue en esos parientes y la vemos a diario en nuestros periódicos y canales noticiosos. Les estoy hablando del conficto de Israel con los Arabes. Un conflicto que pudo haberse resuelto en el nucleo familiar, pero un resentimiento de una de las partes ha causado grandes guerras en el medio oriente y ha causado división entre las naciones.

He hablado con muchos jóvenes que me han dicho que tienen deseo de abrazar a sus padres y sus hermanos y decirles cuanto los aman. Pero al llegar el momento de hacerlo no pueden. ¿Por qué? Simplemente porque en algún momento tuvieron alguna situación o problema con ellos y ese resentimiento acompañado por el orgullo, les impidió dar ese abrazo que tanto anhelaban ambas partes. El perdón no es un proceso, sino que es una decisión que se toma y se hace. Hoy es este día del perdón, saque todo ese dolor, y sea libre HOY… Hagamos como aquel viejo refrán que dice: *"no dejes para mañana lo que puedes hacer hoy"*.

Capítulo 8

ABUSO DE ATORIDAD EN EL HOGAR

ABUSO DE AUTORIDAD EN EL HOGAR

Cuando hablamos de abuso de autoridad, nos referimos a que por el simple hecho de que somos la cabeza del hogar o padres, no podemos abusar de ese poder para implementar respeto. La autoridad se establece en el balance entre la dureza y el amor, sin llegar a perder el control de la autoridad, ni llegar a los castigos abusivos o excesivos, pues somos padres y no debemos ser verdugos. Esta autoridad consiste en amar nuestra familia y lo principal debe ser: *"amar, guiar, aconsejar, amonestar, proteger y respaldar"* a nuestra familia, sin perjudicar su libertad, ayudándolos a conquistar poco a poco la responsabilidad que a ellos corresponde, hasta que puedan desarrollar sus habilidades y capacidades a totalidad.

La autoridad implica poder o rango, más no implica el abuso del mismo. Con este poder o autoridad debemos ganar el respeto de nuestra familia, pero nunca debemos ganarnos su miedo. Es necesario encontrar este balance y

77

ver los límites de nuestra autoridad que deben llevarse a cabo por medio del amor y la firmeza, sin tener que caer en el autoritarismo, y sin ser demasiado complacientes. Los hijos, aún los más chicos, siempre andan probando nuestra autoridad y nuestra flexibilidad, ellos buscan hacer su propia voluntad y ver hasta cuán lejos pueden estirar nuestra autoridad, más en el fondo, ellos buscan la disciplina y la corrección como sinónimo de nuestro amor por ellos.

La historia de mi computador

Debemos aprender que aunque estemos en autoridad, también cometemos errores y debemos ser suficientemente humildes para aceptarlos. Una de las virtudes o defectos que los humanos tenemos es *el perfeccionismo*. Es una virtud, ya que siempre tratamos de hacer las cosas bien y con excelencia, pero puede convertirse en un defecto cuando no damos lugar al error o al fracaso. Debemos enfrentar la realidad de que lo perfecto no existe en este mundo y que los fracasos son parte de la vida. Todo ser humano en algún momento se equivocará.

Nunca olvido un día que mi hija Valerie cometió un grave error. Yo acababa de comprar una computadora que me había costado bastante dinero. Le pedí que cuidara mi nuevo juguetito electrónico. Le dije lo que me había costado y cuán importante era para mí que nada le pasara. Como a las 2 semanas de comprarlo recibí un mensaje de texto proveniente de Valerie, en el cual expresaba arrepentimiento y dolor por algo que había hecho. Yo no tenía la mínima idea del porqué mi hija me enviaba un mensaje pidiendo perdón, ya que es una hija excelente y muy estudiosa. Comencé a preocuparme, la llamé y la encontré llorando, asustada, nerviosa y lo único que me decía era que la perdonara. En ese momento pensé en mi computador, pero Valerie no me decía cuál era su error. Yo le pregunté que había pasado y ella con voz entrecortada me dijo que se había roto mi computador. El mundo se me cayó encima, quería meterme por aquel teléfono, gritarle y disciplinarla de una manera fuerte; por lo que había hecho. La ira estaba tomando control de mí y quería usar mi autoridad para castigarla, quería decir muchas cosas. En ese momento me di cuenta que si decía algo, mi enojo podría dañar el corazón de mi hija y con voz fuerte le dije que no podía hablar con ella en ese momento y que la llamaba luego para discutir el asunto. Me sentí decepcionado, pensé que no era justo que mi computador estuviera roto, pensé en que nunca debí darle la oportunidad de usarla y muchas otras cosas más pasaron por mi mente, pero mientras pensaba todo esto, paré un momento y le oré a Dios para que me diera paz. En ese momento me vino un pensamiento que inhundó mi corazón, el cual no me dejaba tranquilo, el pensamiento era: *"no crees que te pudo haber pasado a ti".* En ese momento entendí que no eramos perfectos y que el accidente que tuvo Valerie lo pude haber tenido yo. Comencé a entender que podría sanar el corazon de mi hija con amor o podría dañarlo por el resto de mis días. Pensé en el valor de mi computador y también en el valor de su corazón. ¿Qué tenía más valor?, su corazón o un juguete que con algunos dólares podíamos arreglar. Con más tranquilidad tomé el teléfono y marqué para hablar con Valerie, esta vez no estaba llorando, pero su voz era nerviosa y confundida, esperando quizás el regaño más grande o esperando que le dijera cuál era su castigo. Con mucho amor y una voz tranquila le dije cuánto me había dolido que este accidente ocurriera, pero que no se preocupara y que no llorara más, pues para mí, ella era más importante que ese computador y además, éste tenía arreglo. Mi hija respiró profundo y la paz llenó su corazón, pues ella esperó un castigo severo y encontró la compasión y comprensión de un padre que aunque estaba dolido, entendía que más valiosa era su hija.

Debemos dar lugar a que nuestros hijos cometan errores al igual que nosotros los cometemos. No justifiqué su error, pero tampoco provoqué que el corazón de ella se lastimara o hiriera. La relación de mi hija conmigo ha sido mejor después de haber tenido esta experiencia. Pude haber usado mi autoridad para castigar y pude usar mi autoridad para dañar, pero ese día usé mi autoridad para sanar el corazón de mi hija y así impedir que una mosca entrara en su vida. La Biblia nos habla en *Colosenses 3:21, "Padres, no hagan enojar a sus hijos, para que no se desanimen"*.

No estoy hablando de malcriar a nuestros hijos y dejarles pasar sus errores; sino que hay tiempo para todo en la vida y no debemos dañar su corazón por cosas que son accidentes. Todos tenemos ese derecho de errar y quedar mal en algún momento, pero no hacer que este error determine el futuro de nuestros hijos o familias.

El caso de mi hermano

Mi hermano me cuenta que la mejor enseñanza que mi papá le pudo dar, fue un día que tuvo un accidente vehicular. Me cuenta Junito que ese día no tenía el permiso de papi para usar ese vehículo, pero por su rebeldía él decidió que lo usaría sin permiso y sin jamás imaginárselo, tuvo el terrible accidente, del cual mi hermano era culpable. Su pregunta era: ¿qué voy a hacer ahora, qué va a decir papi cuando se entere? El temor invadió su corazón, pero él tuvo que hacer aquella llamada a nuestro padre para que fuera a su socorro. Mi hermano esperaba que mi papá llegara enojado, a castigarlo y muchas cosas pasaron por su mente. Junito dice que ese día fue el que más le enseñó, pues en el momento que llegó mi papá, sólo tuvo algunas preguntas para mi hermano. ¿Cómo estas? ¿No te paso nada? ¿Estás bien? Nunca le preguntó de su reveldía, no le acusó y no le interesó cuánto iba a gastar reparando ambos vehículos, sino que se interesó por su hijo. Hoy con orgullo mi hermano habla de esta historia y de cómo esta historia cambió su rebeldía juvenil y comenzó a ver a papi con otros ojos y su actitud en el hogar fue completamente diferente.

Capítulo 9

QUIEN GOBIERNA SU CASA

QUIÉN GOBIERNA SU CASA

6 Y el ángel de Jehová amonestó a Josué, diciendo: 7 Así dice Jehová de los ejércitos: Si anduvieres por mis caminos, y si guardares mi ordenanza, también tú gobernarás mi casa, también guardarás mis atrios, y entre éstos que aquí están te daré lugar.

Zacarías 3.6-8

Solamente cuando usted entiende cuáles han sido las moscas que han entrado a su casa y las identifica, (pero no sólo se queda en identifcarlas, sino que toma la actitud y la decisión de sacarlas de su vida y su casa), entonces podrá decir que su casa la gobierna Dios y se encuentra en orden , llena del perfume agradable a todos y libre de moscas que tanto daño le han causado.

Ahora le hago varias preguntas:

* **¿De qué está llena su casa?**

- ¿Quién está a cargo de sus finanzas?
- ¿Quién gobierna la paz en el hogar?
- ¿Quién gobierna la educación de sus hijos?
- ¿Está descansando sufciente?

Le hice estas preguntas para que piense cómo está la atmósfera de su casa y de su vida, para que entonces pueda determinar qué cosas son las que podemos cambiar, o qué cosas debemos continuar haciendo para poder llegar a ese lugar tan deseado por todos, ese lugar tan amado por todos llamado "hogar".

En la Biblia en el libro de *1 Timoteo 3* encontramos algo que mientras lo estudiaba me tocaba el corazón y quiero compartirlo con usted amado lector.

"1 Palabra fiel: **Si alguno anhela** *obispado, buena obra desea .. . 4 Que gobierne bien su casa, que tenga a sus hijos en sujeción con toda honestidad, 5 (pues el que NO SABE GOBERNAR su propia casa, ¿cómo cuidará de la iglesia de Dios?); 6 no un neófito, no sea que envaneciéndose caiga en la condenación del diablo".*

1 de Timoteo 3.1-4

En este versículo bíblico el apóstol Pablo le habla a Timoteo en referencia a que si alguna persona deseaba tener algún puesto eclesiástico, tenía que cumplir algunos requisitos, los cuales eran necesarios para que esas personas pudieran ejercer tal cargo. Ahora bien, no sólo quiero hablar de una posición eclesiástica con este verso, sino ampliarlo y hablarle de cosas de la vida real que pueden estar afectando su vida matrimonial, y su vida familiar. Quizás la razón de que las cosas no estén trabajando bien en casa, es porque no hemos puesto algunos principios necesarios para poder alcanzar esa felicidad que tanto queremos.

Si estudiamos este versículo detalladamente, podemos ver que le decía Pablo: *"si alguno anhela"*, esa palabra es en el griego la palabra *"Oregetal"*, que signifca: *"estrecharse"*, *"aspirar"*. La idea en el original griego era la de estrecharse o esforzarse para tomar algo que uno anhelaba. Esta palabra era usada en el griego con el deseo de comer, cuando uno estrechaba la mano para tomar algo, o de un deseo carnal. Le doy este significado para que pueda entender que es necesario tener en su vida este anhelo profundo de que no existan más moscas en su casa. Todo comienza con el anhelo de primero ser feliz y también hacer feliz a los demás. Con este anhelo puede comenzar a establecer sus prioridades, y puede lograr entender que antes de que otros cambien, usted también puede cambiar, si es que en verdad está buscando que las moscas salgan de su casa.

Si seguimos la lista de reguisitos que Pablo le dio a su hijo Timoteo podrá encontrar la solución a su problema familiar y podrá encontrar el mejor matamoscas que jamás se ha creado en la tierra.

Ahora bien, algo que me llamó la atención de este versículo, fue cuando le dice "**que gobierne bien su casa**". El orden de las palabras en el texto original es: *"Su propia* *casa bien gobernada".*Gr. *'proistamenon';* de *"proistemi',* que significa *' pararse antes'* o *'gobernar sobre'.*

Es en nuestra propia casa donde comenzamos a ser líderes de nuestras iglesias, trabajos, negocios, comunidades etc. Muchas veces queremos ser grandes líderes fuera del hogar, pero nuestra familia se está derrumbando a pasos agigantados. Es importante que gobernemos nuestra casa y ser un líder genuino que no sólo sea estricto, sino que sea benévolo, cariñoso y amable.

Si una persona no guía o gobierna a su familia de la manera justa, ¿cómo lo hará en la iglesia, negocio, trabajos, etc? Se debe tratar a los miembros de nuestra casa con dignidad. Esto no significa que tenemos que dar un trato serio o que le tenga miedo, sino un trato que hará que en su casa lo respeten y lo amen. En mi país teníamos un refrán popular que decía: *"candil de la calle, oscuridad de tu casa"* o *"En casa de herrero, cuchillo de palo".* Cuando veíamos gente que eran los mejores en la calle, pero no le daban a su hogar lo mejor.

"Es tiempo de cambiar esa imagen de nosotros mismos y comenzar a darle a nuestro hogar el valor que tiene".

El gran peligro de todo líder es que esté tan ocupado en cuidar las ovejas de otro rebaño y descuide a sus propios hijos o familiares. Hemos visto una tendencia en América latina, en dejar que los maestros en las escuelas sean los responsables de la educación de sus hijos y también cómo los hombres del hogar han dejado esa educación meramente en las manos de sus esposas. Pero la Biblia nos enseña que los hombres o cabezas de hogar tienen la responsabilidad de la educación de nuestros hijos y no permitamos que nadie nos quite ese lugar tan hermoso que Dios nos dio.

¿A quién le ha entregado las riendas de su vida, de su hogar, de su matrimonio y de sus hijos? La respuesta la tiene usted y si alguna de estas cosas están en mal camino en estos momentos, es porque probablemente alguna de las moscas que hemos hablado está gobernando. Permítale a Dios que Él tenga el control de su vida y entonces usted podrá guiar a su familia a un lugar seguro, donde abunde el amor, la paz, la felicidad, la comprensión y donde Dios sea lo primordial en nuestras vidas.

Capítulo 10

ESCAPA A GOSEN

ESCAPA A GOSÉN

"Porque si no dejas ir a mi pueblo, he aquí yo enviaré sobre ti, sobre tus siervos, sobre tu pueblo y sobre tus casas toda clase de moscas; y las casas de los egipcios se llenarán de toda clase de moscas, y asimismo la tierra donde ellos estén. 8:22 Y aquel día yo apartaré la tierra de Gosén, en la cual habita mi pueblo, para que ninguna clase de moscas haya en ella, a fin de que sepas que yo soy Jehová en medio de la tierra. 8:23 Y yo pondré redención entre mi pueblo y el tuyo. Mañana será esta señal".

Exodo 8:21

Este pasaje se relaciona muy bien con el momento actual que estamos viviendo. Vivimos llenos de afanes, compulsiones, deseos, tentaciones y "stress". El mundo está totalmente confundido, ya no sabe qué hacer. Vemos al ser humano inventando toda clase de máquinas, computadoras capaces de procesar tanta información, al punto de casi pensar por ellas mismas, drogas que le pueden alargar la vida, fórmulas mágicas; sin embargo, desperdiciamos toda nuestra vida tratando de arreglarla, ya que hemos dejado que algunas moscas entren a nuestra casa, porque no hemos valorado el Gozén que Dios nos ha dado.

No podemos tapar el cielo con la mano (dicen en mi pueblo). Actualmente el mundo nos está diciendo a gritos: ¡Ya no aguanto más! ¡Auxilio! La naturaleza misma se está revelando. Muchos piensan y creen que la tercera guerra mundial ya no será por riquezas o petróleo, sino por agua potable, debido a que está comenzando a escasear. Cuando nuestros antepasados pagaban un dólar por una pequeña botella de agua. -No les parece eso algo para pensar-. El agua es una bendición del Cielo, una de las mayores evidencias del amor de un Dios bueno.

De ninguna manera quiero hacerle sentir mal, sólo pretendo hacerle reflexionar en lo siguiente:

Cuando las terribles plagas cayeron sobre Egipto, Dios apartó a la tierra de Gosén, la tierra donde estaban viviendo Moisés y el pueblo de Israel. Él hizo diferencia entre Egipto e Israel, y a su pueblo escogido lo preservó de las plagas y nada malo les aconteció.

¿Qué es una Plaga? Es disciplina enviada por el Señor para que le busquen aquellos que no le conocen. Para que se arrepientan de sus malos caminos, y si no se arrepienten, es porque son demasiado duros y no quieren recibir en su interior a Jesucristo. Todos tienen la oportunidad de salvarse. Las plagas de Egipto son un claro ejemplo de lo que acontece a los que como Faraón no se arrepienten y endurecen su corazón.

Gosén representa la Casa de Dios, el lugar donde habitaba Israel, los hijos de Dios. Si Dios pudo proteger a Israel, el cual era un pueblo **contumaz,** significa concretamente el que mantiene porfadamente un error; **terco,** puede referise al carácter o a la manera de obrar, en tanto que contumaz se refere sobre todo a la manera de pensar y **rebelde,** ¿cuanto más a nosotros los gentiles que hemos creído de corazón en la muerte y sacrifcio de Jesús, El Cordero de Dios, El cual nos ha perdonado, borrado nuestros pecados y es el mediador entre nosotros y Jehová Dios, nuestro padre celestial?

Sí, desafortunadamente el mundo tiene que sufrir las consecuencias de su pecado, pero los cristianos de corazón seremos librados del mal que vendrá. Él prometió venir a llevarnos para estar junto con Él. Esa debe ser nuestra esperanza.

¿Quiere saber cómo ser un Hijo de Dios y escapar de las moscas de este mundo y de todo el mal que vendrá?

Para que las moscas no entren en su casa, debe entrar a "Gosén", en el mejor lugar, lugar de bendición donde están los hijos de Dios. Era en Egipto, pero en las afueras de Egipto. Aunque estaban en el mundo NO eran del mundo.

10:1 Las moscas muertas hacen heder y dar mal olor al perfume del perfumista; así una pequeña locura, al que es estimado como sabio y honorable.

Las moscas muertas hacen heder la unción, la paz familiar. Cuando el perfumista preparaba el incienso con las diferentes especias atraía muchas moscas y debía cuidar de que las moscas no se posaran sobre el unguento. Si la mosca se quedaba atrapada por el mismo unguento ó el aceite, moría. Ahí entraban en descomposición y hacían heder el unguento. Entonces el perfumista debía sacar las moscas que habían caído sinó echaban a perder el perfume. Es por eso que Salomón escribió: *"Las moscas muertas hacen heder el perfume del perfumista"*

La historia del antiguo Egipto que todos conocemos y que narran las Escrituras, nos cuentan la historia de un gobernante del mundo que se obstinó en oponerse a Dios. Al no dejar que el pueblo de Israel dejara de servirle a sus propósitos y saliera de la tierra para servir a Dios, provocó que El Mismo Dios les enviara las plagas para demostrarle que Él era el Dios de la tierra y no Faraón, y que al endurecer su corazón también probaría la paciencia, la fe y la confanza del pueblo de Israel y de sus líderes espirituales: Moisés y Aarón. Esta es una historia que hoy claramente podemos identificar con nuestro alrededor como algo que continúa sucediendo, no muy lejos. Si observamos bien la podemos ver a diario en muchos de los que nos rodean.

Del mismo modo que a Faraón le fueron acontecidas las plagas narradas en Éxodo, plagas que han sido corroboradas por la historia y la arqueología, el Señor instruye a los apóstoles a sacudir el polvo de nuestras sandalias de aquellos lugares donde hayamos predicado y que no hayan recibido al Señor y su Palabra. Lamentablemente hoy, como en aquellos tiempos, la soberbia contra Dios siempre trae las plagas anunciadas, tanto en el libro de Éxodo como en Apocalipsis. Estas plagas son advertidas por el propio Señor Jesucristo, que vienen sobre la persona, familia, ciudad o nación que desprecia la salvación y el amor de Dios, nuestro Creador.

Esta afirmación puede sorprender a aquellos que no conocen a Dios todavía, o que no han leído la Bilblia y no han nacido de nuevo y han sido bautizados en las aguas, pero a los discípulos de Jesucristo les es muy común. Tristemente vemos cuántas personas están siendo perseguidas por las plagas y no dejan de ensoberbecerse contra Dios, a pesar de que la Iglesia en el mundo entero conoce y puede dar fe de que es una realidad, porque todos en cierta medida hemos experimentado la necesaria disciplina del Señor. Con un corazón abierto a Dios se recibe la fe en la obra de su Hijo, que salva el alma, porque vamos a comprender que Dios no escatimará en darnos la oportunidad de creer en Él, de buscarle, de tener necesidad de Su amor, de conocer la verdad, de comprender Su Palabra y de tantas cosas que Él suple sobradamente.

...Porque Dios sujetó a todos en desobediencia para tener misericordia de todos. ¡Oh profundidad grandeza de las riquezas

de la sabiduría y de la ciencia de Dios!¡Cuan insondables son
sus juicios, e inescrutables sus caminos!... Romanos 11:32.

La Iglesia, las personas que la componemos, los que
hemos creído a Dios por su Gracia y amamos a Su Hijo
Jesucristo, habiendo nacido de nuevo a través del Espíritu
Santo, de todas partes del mundo, como supongo que
lo será usted amigo lector, sabemos por la Biblia que
las plagas anunciadas en Apocalipsis vendrán al final
del tiempo, están reservadas para los que no creyeron,
y que la Iglesia será librada de la ira venidera;
del mismo modo que lo fueron los Israelitas
ante las plagas contra el Faraón. ¿No le parece
mucha casualidad la cantidad de terremotos,
fuegos, inundaciones, tsunamis y guerras?.

Muchas plagas han venido sobre personas, sobre naciones,
sobre congregaciones, y otras están por venir al mundo
incrédulo, algunas para dar otra oportunidad y otras para
castigo y prueba de la justicia de un Dios Todopoderoso.
Si aún no se ha convertido a Cristo, o se apartó y se volvió
al mundo y al pecado, HOY es tiempo aceptable para
volver y salir de su mal camino. Todos somos pecadores,
todos somos imperfectos y necesitamos un Salvador.
Todos necesitamos a Jesús. Si en este preciso instante
usted amigo lector, siente que no está libre de ellas, ahora
es el momento de reconciliarse con Dios, para lo cual, le
invito a hacer en este mismo momento una corta oración
de entrega a Dios, sólo entre Dios y usted, repita:

98

"Padre bueno, creo en el sacrifcio de tu hijo Jesús. Gracias por dar a tu único Hijo por mi, quien se entregó y murió en la cruz por mis pecados. Por favor perdóname mis pecados y dame el regalo de la vida eterna. Te pido que entres en mi vida y mi corazón, para servirte siempre. En el Nombre de Tu hijo Jesus, mi Señor y Salvador, Amén".

Querido amigo, por qué soportar la plaga de las moscas y sus consecuencias, si puede venir a disfrutar del mejor lugar, el lugar de bendición, el lugar donde están los hijos de Dios.

Capítulo 11

CONCLUSION

CONCLUSIÓN

Si tenemos que hacer una síntesis de lo que hemos leído, lo mas fácil es correr a comprar un matamoscas o un aerosol para matarlas, esa sería la solución más rápida en el mundo natural, lo difícil es entender que está dentro de nosotros el poder para mantener alejadas a las moscas, no permitirles la entrada a nuestros hogares, ni a nuestras mentes. ¿Es fácil?, no, pero no es imposible. Lo esencial es tener una manera de actuar, de sentir, de pensar, en definitiva, de vivir, que sea inoculante para esta plaga.

Si estamos convencidos que los malos hábitos y las malas actitudes perjudican nuestra vida, pues ¡cambiemos!, no digan que "sí" por la boca, cuando en nuestro accionar hacemos lo contrario. Eso se llama hipocresía. Si en nuestras iglesias comúnmente escuchamos que hay que amar a nuestros prójimo como a nosotros mismos y hay que perdonar y ser generosos y amar a Dios sobre todas las cosas y estamos de acuerdo, pero al salir de allí nos olvidamos y hacemos lo contrario, eso es hipocresía.

Si usted pudiera entender, qué fácil es convivir con nuestros familiares cuando se vive con valores y conductas establecidas en el amor, la comprensión y la humildad. A veces solo es necesario preguntarse, ¿si fuera yo, me gustaría que me dijeran esto o me hagan esto? o sea, sólo seguir con la premisa de no hacer o decir nada que no me gustaría que me dijeran o hiciesen a mí.

Hoy se habla a nivel mundial de la crisis económica que estamos viviendo, pero es más preocupante la crisis de valores, la crisis de familia que estamos viendo. Vemos como un padre mata a su hijo o viceversa y vemos cómo familias enteras se dividen por una herencia o peor aún, por un mal entendido, ¿dónde quedaron esas enseñanzas con las cuales crecimos de: "respeto a los mayores?, no tomar nada que no es de uno, ser cortés y sonreír (la sonrisa cuesta menos que la electricidad, pero alumbra más).

Si cada uno de nosotros en su mundo, que es su hogar, su familia, hace el esfuerzo de no dejar entrar las moscas, les aseguro que estas moscas indeseables quedarán solamente en el lugar donde deben estar, en la inmundicia, pero fuera de los hogares y las mentes de las personas.

Esfuércese! Vale el esfuerzo, no sólo por las personas que le rodean, sino por usted mismo. Su familia se lo agradecerá, sus amigos le querrán imitar y sus vecinos compartirán con usted ese gozo de tener un hogar limpio de aquellas cosas que nos hacen ver feos y dañan nuestras vidas.

Si tengo que cambiar, no puedo esperar, debo hacerlo ya, encontrar las buenas costumbres perdidas, los buenos hábitos olvidados, los santos propósitos descuidados, las resoluciones no cumplidas; todo esto debo recordarlo, encontrarlo, cumplirlo, pero para esto, no puedo esperar, ya que mucha gente decide esperar y el mañana no está garantizado. No se lleve a la tumba sus mejores días, no se lleve sus mejores sentimientos, y no se lleve con usted el recuerdo de lo que pudo ser, sino que se llévese las cosas hermosas que vivió con su gente y la felicidad que tanto usted como su hogar merecen.

Todo esto debo hacerlo en los demás con tacto y claridad y en nosotros con firmeza y con constancia.

La vida es ésta, no hay revancha, no hay segundo tiempo, no hay *over time*. Viva de tal forma que Dios se complazca de sus acciones, que Dios pueda aprobar todos sus actos; pero viva también de tal forma que los demás puedan sentirse con deseos de imitarle, que sienta en su interior, las ansias de la propia superación.

Hay un refrán común que dice: "*cuando tú naciste todos reían y tu llorabas, vive de manera que cuando mueras, tu sonrías y todos estén llorando* ".

Darse la buena vida no es lo mismo que vivir bien. Para lo primero, basta dejarse estar, seguir la corriente. Tomar como fin el *statu quo*.

El que busca la buena vida, espera con candor inmaduro
Que todo le calce como anillo al dedo.

Vivir bien, por el contrario, exige contar con el esfuerzo,
y el sacrificio y esmerarse en hacer de nuestras vidas lo
mejor.

No podemos confundir los medios con el fin.

Proyectar la propia vida más allá del presente.

Saber qué es lo que realmente vale la pena, requiere de
sacrificios. Nuestras familias y nuestra propia vida deben
ser un incentivo para sacrificarnos y hacer de ellos un
gran tesoro. Luchar por ser prudente, justo, paciente,
constante, templado, sincero, leal, fiel, comprensivo,
sencillo, sobrio y generoso.

Todo ser humano busca ser feliz, pero algunos buscan lo
fácil y el goce inmediato o temporal de los sentidos y esto
les hace perder los verdaderos sentimientos y propósitos.
Confunden felicidad, con sensaciones fugaces de felicidad
que se consumen y dejan una huella de tristeza, dolor,
angustia y soledad.

No siempre lo fácil, lo cómodo o lo placentero son las
rutas adecuadas y generalmente terminan en lo difícil, lo
incomódo y lo amargo.

DECRETOS PARA TU CASA

Declaro que hoy es el comienzo de un nuevo tiempo para su familia, para sus hijos y para su matrimonio.

Declaro que usted y su casa estan libres de adulterio, infidelidades, injusticias y rebeldía. Declaro que su vida, su caminar y su familia estan protegidos con la sangre de Jesús.

Declaramos que las fuerzas del enemigo y toda agenda de las tinieblas en contra de su vida, familia, amigos; y toda palabra en contra de su casa se cancela y cae en el nombre de Jesús.

Biografía

CHEO CANDELARIO
Predica la palabra de Dios desde el año 1991, trabajó durante 10 años como pastor de jóvenes del ministerio "Casa De Restauración", y 15 años con el "Ministerio Mundial Maranata". Actualmente ejerce un Ministerio evangelístico internacional "Refugio familiar cristiano", y Café. "Centro de Adiestramiento Formando Evangelistas", donde se imparte la pasión por las almas.

Actualmente reside en Miami –Florida, de donde dirige Campañas evangelísticas a distintos paises y seminarios para la familia. Está casado con Santy Candelario y tiene 4 hijos: *Nathaniel, Andrew David, Valerie y Marcos José.*

- Para invitaciones al autor Cheo Candelario, favor escribirle al siguiente correo:

  cheocandelario@gmail.com

- Lo puede encontrar en:

  facebook.com/cheocandelario
  twitter@cheocandelario

Esperamos que este libro haya sido de su agrado.
Para información o comentarios, llámenos o
escríbanos:

Tel: (786) 356-0171

cheocandelario@gmail.com

www.cheocandelario.org

Made in the USA
San Bernardino, CA
17 July 2017